für Aesuk

Es ist so still in Deutschland.
Oder bin ich taub geworden?
Fliegen ist eine merkwürdige Erfahrung.
Die meiste Zeit über habe ich geschlafen.
Als ich aufwachte, war mir, als hätte jemand
Klick gemacht, und mein bisheriges Leben wäre
einfach verschwunden.

10

Call Mom
DRRR–DRRRRR
Nur der Laptop ist noch bei mir.
DRRR–DRRRR
Seoul

Tak
Ich komme mir vor wie ein Weltraumpilot, der von der Erde gerufen wird.
Tok

Hallo?
Mama?
Warte! Die Verbindung ist gestört!!

Haha Hörst du?
angekommen?
Ich habe —
Kannst du mich jetzt verstehen?

Hallo Mama...
Hana~~!!! Na endlich!
Ich kann es nicht glaub en. Bist
du wirklich in Deutschland? In Korea i
st so schönes Wetter gerade! Dein Va
ter ist schon mit Hyunjun aus, shop
pen. Er will sich ein neues Smartphone kauf
en. Du solltest dir auch mal ein neues
besorgen, damit kannst du mir Em
ails schicken. Oder soll ich d
s kaufen? Oh, ist das dein Zi
mmer? Mein Gott! Hast
du dein Gepäck imme
noch nicht ausgepackt?
Meine arme kleine, schaff
st du das denn? Der Rau
m sieht so leer und
kalt aus...
Mama...

* koreanisches Nationalgericht

Hör endlich auf, Mama! Ich werde auspacken, wenn ich Lust dazu habe,
und außerdem kann ich sehr gut ohne deinen blöden Kimchi leben!
AAAH!

……
ohne kimchi?
Hana, was redest du da?

Pizzaria
Pizzaria
Ach, in meiner Nachbarschaft gibt es so viele nette Restaurants.
Tag!
Einen Schönen guten Tag!
Das Essen hier ist bestimmt genau so aufregend wie die Stadt.
IMBIS
OPEN

Ich hätte gerne ein deutsches Essen!

Einmal auf deutsch bitte!
Si bella!
Tschat
Tschat
Salz
Salz
Salz
Salz

Tschat
Tschat
Tschat
Tschat
Tschat
Tschat
Das ging aber schnell!

Hm... alles zusammen auf einem Teller.
Soll man das einzeln essen oder mischen?

Das Essen selbst macht eigentlich wenig Aufhebens um sich.
Man kann die Zutaten schon beim Anblick erraten.
Wie die Leute hier:
ehrlich und direkt.

Iiirgh!
Was ist das?
Der Geschmack der einzelnen Zutaten wird ja komplett vom Salz aufgefressen!
Braucht man wirklich so viel Butter und Salz, um so groß zu wachsen wie die Deutschen?

Oh Mann, so bitter hat hier noch kein Rückschlag geschmeckt. Eine Wohnung zu finden, diese verrückte Sprache zu lernen, das Wetter... Das alles konnte ich noch als „Spannende Herausforderung" verbuchen. Aber beim Essen? Da hört der Spaß auf, oder?

Ok, meine Panik war vorschnell. Natürlich kann auch die deutsche Küche lecker und gesund sein.

Das Frühstück wird hier richtig zelebriert. Es gibt warme und kalte Getränke, Wurst, Käse, Marmelade, Süßes und Herzhaftes, und unglaublich viele verschiedene Brotsorten - Vollkornbrot, Roggenbrot, Baguette, Croissant, Mohnbrötchen oder Laugenbrötchen - die jeder selbst belegt und zubereitet. Zu Hause war das Frühstück: ein Topf mit Suppe und warmem Reis. In Korea isst man am Liebsten warm, egal ob morgens, mittags oder abends.

Das Mittagessen nimmt man oft auf der Arbeit und mit Anderen ein. Nicht nur hier, auch zu Hause in Korea. Deshalb ist es oft etwas Kleines und Schnelles. Hier z.B. Wurst mit Kartoffelsalat, in Korea z.B. Kimbab.

Als ich den Begriff „Abendbrot“ hörte, war ich enttäuscht. Schon wieder Brot? Aber Brot steht in Deutschland synonym für Essen. In Korea ist es ähnlich, da spielt der Reis den Stellvertreter. Wir sagen Morgenreis, Mittagreis und Abendreis, meinen aber sämtliche Gerichte damit.

Bin das noch ich??
Verändert das Essen auch mein Aussehen?
Hilfe...
Ich muss dringend einen Koreaner fragen, ob ich mich irre.
Mama??

Mana
mom
uh...
uh...

Oh! Hana!
So lange nichts von dir gehört.
Du kommst nicht klar, nicht wahr??
Das sehe ich ja!

... ich habe schon mal gesagt, du kannst nicht alleine da hin !!
ich besuche dich!
Du brauchst noch...
Hm... ich kann da nicht anrufen. Aber was soll ich sonst machen?
was ist das denn für ein Laden da hinten? „Real Asia"??

Oh je... Asien war mir noch nie so fremd.

Seoul, wo ich aufgewachsen bin, ist wie ein riesiger Spielautomat, der ständig neue Kombinationen ausspuckt. Aber diese Mischung aus japanischen, chinesischen, koreanischen und vietnamesischen Versatzstücken ist wirklich die merkwürdigste Kombinationen von allen.

아... 안녕하세요!
... ...

Wahrscheinlich hat er mich gar nicht verstanden.
Vielleicht ist er kein Koreaner.

Fertig-Kimchi wie dieser ist in Korea eigentlich verpönt.

Mein Kind, der Kimchi ist die Seele der koreanischen Kultur.
Alles was du brauchst, um ihn zuzubereiten ist...

Chili pulver
Chinakohl
Knoblauch
Rettich
Sardellensoße
Frühlings-
zwiebeln

Nun, wie mache ich daraus Kimchi?

Ach, zum Glück gibt es Internet!
suchen.com.de
김치
약 65,500,000개
검색
검색결과
김치 - 위키백과
김치 관련 이미지
한국의 김치
www.kimchi.kim/
Wow!
So viele Informationen!
Über 65.500.000 Ergebnisse...

Kimchi macht es möglich, auch im Winter weiter Gemüse essen zu können. Im Vergleich zu europäischen Völkern, die Gemüse in Essig eingelegt haben, ist in Asien das Gemüse eher in Salz eingelegt.
0:15/5:10
Ach, ist das deutsche Sauerkraut auch eine Art Kimchi?!
Wow! Die beiden haben sogar fast den gleiche Nährwert.
800.000.000 Bakterien in 1g Kimchi:
Kimchi hat 400 mal mehr Bakterien als Joghurt. Bakterien, die im Magen überleben und so das Immunsystem stärken.
0:15/5:10
Iii... Bakterien?
Kimchi für sexy Vegetarier
0:15/5:10
Aha, statt Fischsoße kann man Salz nehmen?!

Frischer Kimchi ist jung wie ein Baby,
reifer Kimchi kann alt sein wie die Oma.
0:15/5:10
So alten Kimchi kann man essen?
Habe ich noch nie probiert.
Und jetzt:
die nordkoreanische Kimchi-Hymne!
Heiß ersehnt und weltbekannt
ist unser Kimchi
bei jung und alt. Steht auf
und verkündet seinen Ruhm...
0:15/5:10
Diese kommunistische Variante scheint eine Art Religionsersatz zu sein
Baby isst Kimchi auf.
Gllimbschiii
Gllimb-schiii
lekka-!
lekka-!
0:15/5:10
Haha...

Ach, das ist ja Kinderleicht!

Jetzt muss es nur noch schmecken!
Iiiik —!

Uh...
Das schmeckt einfach nur nach salzigem scharfen Chinakohl!
Da fehlt etwas!
Etwas Wesentliches!
h schaue nochmal in meine Notizen aus der Recherche.
Kimchi war nicht immer scharf. Hm... früher hat man es ohne Chilipulver zubereitet. Ob das geschmeckt hat?
Fehlt dann nicht die Leidenschaft?
Das Feuer?
Ich versuche einfach noch ein paar Varianten, irgendeine wird schon schmecken...
- Deutsche Kimchi : Sauer kraut
- chinesische " :
(Gemüse erst gekocht)
- Japanische
Chinakohl vierteln
Kimchi ist seit 16C scharf!
Knoblauch hilft,
Immunsystem.
- ein Tag in Zimmertemp

Was ist das? Sieht aus wie ein altes koreanisches Berghaus.

Hana,
komm zu mir!

Komm her, ich will dir was sagen!

DRRRRRR
DRRRRRR
Was willst du mir... Was ist das? Dieser weiße Dampf??
Das ist der Geist des Kimchi. In den Kimchi-Behältern reift der Kimchi und erhält seine geschmackliche Tiefe.

Viel wichtiger ist aber, dass er mit Liebe zubereitet wird.
Mit Liebe für diejenigen, die ihn essen sollen.

Wer hat für dich immer Kimchi gemacht?

Schau in deiner Nähe!

DRRR—
DRPR— DRRRRP—
DRPR— DRRRRP—

DRRR-
DRRRR
MOM
Verdammt,
ich war so nah dran!
Und wegen Mama bin
ich jetzt wieder wach...
Soll ich antworten?
Sie hat sicher nur
wieder Sorgen, ob ich
zurechtkomme, und ob ich es schaffe, Kimchi zuzubereiten.

MOM
Tok

Hana, wie kannst du ohne Kimchi leben?
Oh-! Aber der Chili schmeckt dort nicht so scharf, oder? Und das Salz schmeckt da bestimmt ganz anders!
Hast du ihn lange genug in Salz eingelegt? Und vergiss nicht, am Ende das Salz auszuwaschen!
Mama! Ich kann den Kimchi selber machen.
Und wie machst du den Geschmack? Oh Hana, da ist so viel, um das man sich dabei kümmern muss. Warum kommst du nicht einfach zurück?

Warum
hörst du deiner Mama
icht zu und machst es
s allen so schwer? Du
nnst doch niemanden dort
Deutschland! Wie kann ich
erhaupt schlafen mit
ll meinen Sorgen um
dich? Hana, alle
vermisse

Na Klar!!! Das war es!
Hast du auch nicht vergessen, das Salz auszuwaschen?

Hast
auch nicht
vergessen,
das Salz

Ich komme heute erst spät zurück. Du findest deinen Kimchi im Kühlschrank in der roten Box, Vaters in der weißen.
Alles klar! Tschau!
Bei mir zu Hause wurde der Kimchi unterschiedlich zubereitet.
Erst jetzt merke ich, wie sorgfältig liebevoll er zubereitet wurde.

Und? Was sagst du? Ich habe extra den Kimchi mitgebracht, der als „Bester Kimchi der Gyeonggi-Region" ausgezeichnet wurde.
Oh, danke!
Hmm... Mir ist er etwas zu mild.
Das Geheimnis des Kimchi liegt in der individuellen Zubereitung
Jeder mag und macht ihn ein bisschen anders.

Mein Kimchi-Rezept

Die Zubereitung beginnt mit der Auswahl der Zutaten. Qualität ist hier entscheidend! Der Chinakohl sollte eine mittlere Größe haben (etwa 2,5 kg). Die Außenseite der Blätter ist grün und wird gelblicher, je weiter man sich der Mitte nähert. Je grüner die Blätter, desto besser. Der Wurzelbereich ist weiß. Er sollte hart sein, wenn man drückt, denn das bedeutet, dass der Kohl viel Flüssigkeit gespeichert hat.

Kimchi zu machen lohnt sich vor allem, wenn man eine große Menge auf einmal zubereiten kann. Meine Mutter hat sich dafür oft mit ihren drei Geschwistern getroffen. Da wurden immer an die 100 Chinakohlköpfe verarbeitet.

Kimchi ist dem deutschen Sauerkraut ähnlich. Beide sind unglaublich lange haltbar, eignen sich gut als Beilage und haben einen ähnlichen Nährwert. Kimchi ist allerdings schärfer und intensiviert seinen Geschmack mit der Zeit.

Zubereitung für 1 Person

Dauer: etwa zwei Stunden
(ohne die Lagerzeit im Salz, die etwa acht Stunden braucht)

Einkaufsliste

1 Kopf Chinakohl (etwa 2,5 kg)
1/3 Stange Rettich (etwa 600 g)
1 Bund Frühlingszwiebeln (etwa 200 g)
1/2 Apfel, geschält und entkernt
1/2 Birne, geschält und entkernt
1 Esslöffel Knoblauch, zerhackt
1/2 Teelöffel Ingwerwurzel, zerhackt
500 g grobes Meersalz

Einkaufsliste
für den Asia-Laden

200 g koreanisches Chilipulver
4 Esslöffel Fischsauce (nach Geschmack)
4 Esslöffel gesalzene Sardellen oder Garnelen
1 Esslöffel Klebreismehl oder Stärkemehl
5 cm² getrocknetes Kelpblatt (nach Geschmack)

Mit Kimchi als Beilage kann man unzählige traditionelle Hauptgerichte variieren.

Auch Kimchi-Rezepte gibt es in unzähligen Varianten, je nach Region und Haushalt. Aber bevor du deinen ersten eigenen Kimchi machst, Solltest du einmal ein koreanisches Original probieren.

Dann kannst du ihn deinem Geschmack anpassen, ihn milder oder schärfer machen oder mit verschiedenem Obst ergänzen. Vegetarier können die Sardellen-Soße auch weglassen.

Hier stelle ich Euch ein Rezept aus der koreanischen Südregion „Jeollanam-do" vor. Dieser Kimchi ist berühmt für sein prachtvolles und intensives Aroma.

Werkzeug

Mixer
(oder ein scharfes Messer, um die Zutaten klein zu hacken)
Glasbehälter für eingelegtes Gemüse
Großes Sieb
Gummihandschuhe

*Bitte achtet auf die jeweilige Lage und Richtung des Chinakohls in den einzelnen Schritten!

1

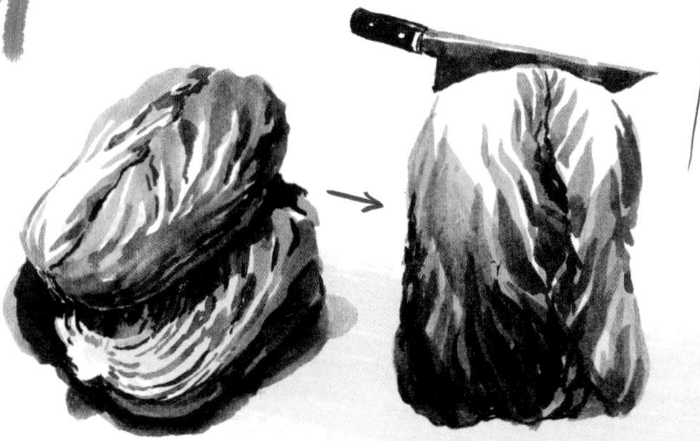

Chinakohl

In Viertel schneiden.

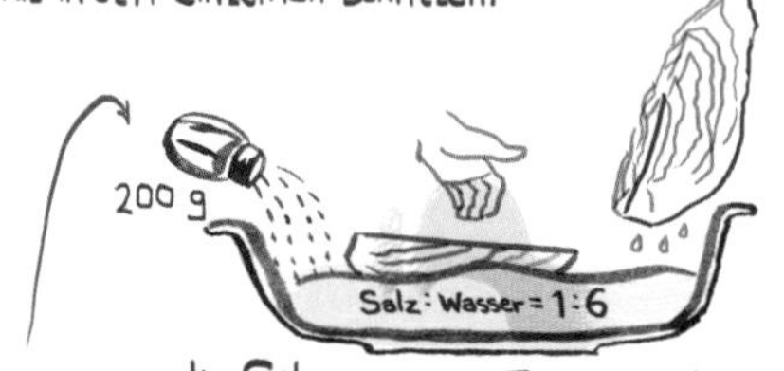

In Salzwasser 5 Min. einlegen.

Anschließend reichlich Salz zwischen jedes Blatt streuen
(besonders auf den wurzelnahen Bereich)

Das restliche Salzwasser auf den Chinakohl gießen. Auf den Chinakohl ein schweres Gewicht legen.

Gekühlt etwa acht Stunden stehen lassen
(Nach vier Stunden einmal den Chinakohl umdrehen)

2

Rettich Apfel Birne

In schmale Längsstreifen schneiden.

3

Frühlingszwiebeln

In schmale Längsstreifen schneiden.

Würzpaste

Wasser (eine Tasse) zum Kochen bringen. In der Zwischenzeit das Klebreismehl in einer Tasse Wasser auflösen und, wenn das Wasser kocht, unterrühren.

Getrocknetes Kelpblatt

Topf vom Herd nehmen und ein Kelpblatt hinein legen. Nach ca. 20 Minuten das Kelpblatt rausnehmen.

Klebreismehl

\+ Im Mixer zerhackten Ingwer, Knoblauch, Gesalzene Garnelen und Fischsauce in den Topf mischen.

Ingwer

Knoblauch

Gesalzene Garnelen

Fischsauce

Drei Mal waschen

Salzwasser wegschütten.
Frisches Wasser einfüllen.
Gut waschen.

Abtropfen lassen

bis die Blätter fast trocken sind.
(etwa zwei Stunden)

Chilipulver

Gut mischen.

4

Gut mischen

Würzpaste

In die „Würzpaste" (siehe oben rechts) alle Zutaten (außer dem Chinakohl) hinzufügen. Die Würzpaste ist fertig.

Guten Appetit!

5

Die Würzpaste zwischen den Chinakohlblättern verteilen. Der Kimchi ist nun fertig und kann gleich genossen oder im Kühlschrank aufbewahrt werden.

Kimchi-Lagerung

Kimchi schmeckt scharf, salzig, sauer und süß. Wie sich die Geschmacksrichtungen dabei ins Verhältnis setzen entscheiden die Zutaten, Art und Menge des Salzes und viele andere Faktoren. Gerade der saure und säuerliche Geschmack aber hängen wesentlich mit der Lagerung zusammen – mit Zeit und Temperatur während des Fermentierungsprozesses. Es gibt Kimchi-Restaurants, die mit großen Schildern werben auf denen steht: „Wir benutzen nur zwei Jahre alten Kimchi!" Sie sind überzeugt, dass der Geschmack durch eine längere Reife größere Intensität erhält.

Hier stelle ich vor, wie man Kimchi gut lagern kann.

Vor der Zubereitung sollten die äußeren vier Kohlblätter abgetrennt werden. Mit dem äußersten Blatt wird der Chinakohl am Ende umwickelt und so in ein Gefäß gelegt, dass die geschnittene Seite nach oben zeigt. Ich empfehle, ihn portionsweise in Folie einzuwickeln, so bleibt der Kimchi länger frisch.

Bei Zimmertemperatur muss man das Ganze nun einen Tag ziehen lassen und im Anschluss in den Kühlschrank stellen. Am achten Tag bei 10 Grad ist die Zahl der Bakterien am höchsten.

Wer den Kimchi zwei Wochen fermentieren lassen will, der sollte Obst, Klebreismehl, Frühlingszwiebel und Schnittlauch weglassen. Außerdem gilt in diesem Fall: Weniger Sardellen, mehr Salz.

Sauer Kraut
Einladung zum Abendessen
Es ist soweit, nach langer Suche kann ich Euch
endlich echten Kimchi servieren.
Ich lade Euch
mit mir die vielfältige
koreanische Küche
entdecken.
mit knalligen Grüßen
Hana

Hat sie es geschafft?

Weißt du was Kimchi ist?
Hmm... Google doch mal!

Hallooo !!

Wilkommen! Ihr seid ja überpünktlich! Könnt ihr mir kurz helfen?
Eins –
Hohoho! Bin ich zu schwer??
Zwei –

Wie hast du das gemacht??

Mit dem Geist des Kimchi!

Und? Wie hat er dir geschmeckt, der Kimchi?
Ich bin begeistert! Ich werde ihm einen neuen Namen geben: Scharfkraut - ein scharfes Sauerkraut.
Nein, nein, nein! Man kann Kimchi nicht mit Sauerkraut vergleichen. Sein Geschmack ist viel komplexer. Nicht nur sauer und scharf, auch salzig und knackig… …
Mein Magen schrie Alarm: Achtung, böser Chili im Anmarsch! Aber ich konnte einfach nicht aufhören.
Zu Hause schmiere ich mir erstmal eine Scheibe Graubrot mit viel Butter!
… die Zutaten haben alle einen sehr starken Eigencharakter, die im Kimchi eine Harmonie der Kräfte eingehen. Es gibt kein vergleichbares eingelegtes Gemüse. Ist es nicht erstaunlich, wie anders der Kimchi vor 3000 Jahren zubereitet wurde…

Hana, danke für die Einladung! Ich muss zugeben, ich bin überrascht. Dass du so gut kochen kannst… Also da muss ich jetzt öfter mal vorbeikommen, um was zu probieren. Mach's gut! Ach, und pass auf, mach nicht zu viel Kimchi auf einmal. Nicht für dich alleine! Oh, weißt du was? Beim nächsten mal bringe ich deine Tanten mit. Dann können wir zusammen 100 Köpfe Chinakohl … …
Oh Mama…

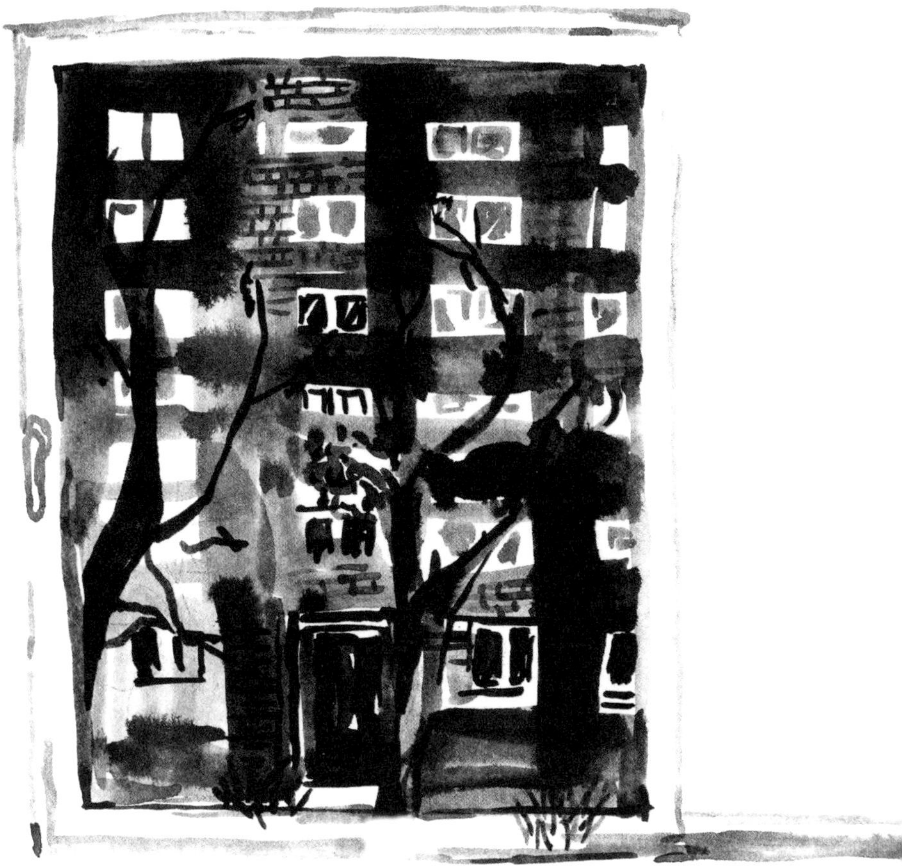

Notizen für
mein persönliches Kimchi-Rezept

[mairisch 44]
2. Auflage, 2015

www.mairisch.de

Herzlichen Dank: Tim Albrecht, Sunmi Lee, Dr. Martin Bahr, Frauke Müller und meine liebe Familie in Korea

Text & Zeichnung: Sohyun Jung, jungsohyun@yahoo.de
Übersetzung & Korrektorat: Anke Feuchtenberger, Antonia Kühn und Steffen Zillig
Umsetzung: Carolin Rauen, www.carolinrauen.com
Druck: freiburger graphische betriebe, www.fgb.de

Printed in Germany
ISBN 978-3-938539-31-6